AF362671

RÉFLEXIONS

ET

PRIÈRES INÉDITES.

Publié au profit d'un établissement de
Charité pour de jeunes enfans.

IMPRIMERIE DE E. J. BAILLY
Place Sorbonne 2.

RÉFLEXIONS

ET

PRIÈRES INÉDITES,

PAR

Mme LA DUCHESSE DE DURAS.

« Tempus breve est... et qui
« utuntur hoc modo, tanquàm
« non utantur : præterit enim
« figura hujus mundi. »

1 Cor. vii. 29. 31.

PARIS,

DEBÉCOURT, LIBRAIRE-ÉDITEUR,

RUE DES SAINTS-PÈRES, 69.

1839.

Ce peu de pages ont été laissées par une personne que le monde a aimée et admirée.

1*

On y pressent les douleurs que toute âme d'élite, tout esprit supérieur trouve sur les chemins de cette vie, mais avec les apaisemens qu'un cœur aimant et pieux sait faire venir de l'autre. On a cru qu'elles pourraient être un secours à qui souffre aussi et, voulant se replier dans le sein de Dieu, cherche les pensées qui assurent ce divin abri et les paroles qui font descendre la paix du ciel.

Nos peines n'acceptent pas toujours volontiers les consolations offertes par ceux que les longues habitudes d'une vie calme et reposée ont dès long-temps mis à part de la foule. Notre faiblesse se refuse à comprendre qu'on puisse nous bien parler des épreuves qu'on n'a pas subies. Un étranger n'est-il pas comme un peu suspect? Les âmes qui ont souffert ont des signes auxquels elles se reconnaissent; elles trouveront ici l'accent de leur patrie.

VEILLEZ ET PRIEZ.

La vie chrétienne tout en-
tière est renfermée dans ces
paroles, VEILLEZ ET PRIEZ.
Ainsi que tous les mots de

l'Évangile , plus on les médite , plus on y découvre un sens profond et étendu. Veillez et priez : ce conseil devrait être toujours présent à notre mémoire ; il n'en est pas de plus salutaire. Veiller , c'est prévenir toutes les pensées , tous les mouvemens que Dieu réprouve ; c'est se dérober aux surprises de l'amour-propre , aux illusions de la vanité. Il est rare que l'homme soit assez perverti pour faire le mal de propos délibéré ; mais nous le laissons faire en nous par l'ennemi, parce que nous ne veillons pas. Presque toutes ces douleurs morales , ces déchiremens de cœur qui bouleversent notre vie , auraient été prévenus si nous eussions veillé ; alors nous n'aurions pas donné entrée dans notre âme à ces passions , qui toutes, même les plus légitimes, sont la mort du corps et de l'âme. VEILLER, c'est soumettre l'involontaire ; c'est réduire sous l'empire de la raison et du devoir toutes les folies, les chimères et les vanités de la vie ; et Dieu, comme toujours en nous enseignant sa loi, nous donne le précepte qui seul peut assurer notre bonheur même dès cette vie. En veillant, nous maintenons la paix de notre âme ; en priant, nous nous donnons la force de veiller ; et la prière elle-même, n'est-ce pas une façon de veiller? C'est ainsi que par un mystère étonnant toutes les vertus chrétiennes sont comme solidaires les unes des autres; il suffit d'en avoir une pour les avoir toutes, pourvu qu'on la possède complétement. C'est dans ce sens que Jésus-Christ a dit: Aimez, et faites tout ce que vous voudrez. — En effet, la charité chrétienne ne peut exister dans toute son étendue sans la foi, sans l'espérance.

Peut-on aimer sans croire à l'éternité? Peut-on aimer sans espérer l'éternité? Veillons et prions, pour conserver la paix en ce monde et pour acquérir le bonheur immortel que Dieu promet à ceux qui auront accompli ses commandemens et glorifié son saint nom !

SUR LES PASSIONS.

2⁺

Dɪᴇᴜ est le but de l'homme;
et pour que l'homme trouve
sa paix et son bonheur en ce
monde, Dieu doit être son

unique but. La passion a un but aussi , et ce but est la créature. De là , les orages et les malheurs qui viennent assaillir nos cœurs quand nous laissons la passion s'en rendre maîtresse. Il y a là une déviation de l'ordre moral qui doit être nécessairement punie ; car si l'homme trouvait son bonheur dans la passion, Dieu deviendrait inutile. La passion comble ce vide immense que Dieu laisse au fond de nos cœurs pour nous faire sentir que sans lui nous sommes incomplets ; et, par la même raison, Dieu a soin de rendre vains tous les efforts que nous faisons pour remplir ce vide par autre chose que par lui.

La passion, souvent si coupable, est moins funeste à l'homme que le vice. Elle use et dévaste l'âme où elle règne, mais le vice la flétrit. L'âme passionnée peut diriger vers Dieu l'ardeur et l'activité qui l'ont égarée ; l'âme vicieuse doit se renouveler entièrement avant d'offrir à Dieu un hommage digne de lui.

Éclairez-moi, ô mon Dieu, enseignez-moi vos voies, et ouvrez mes yeux à votre lumière.

LA PIÉTÉ.

Plus on avance dans la vie,
plus on se sent pénétré de
cette vérité , qu'il n'y a de
paix et de bonheur durable

2

que dans les voies de Dieu.
A mesure que l'on pénètre
dans les redoutables secrets
de l'avenir, les illusions s'é-
vanouissent; on se voit enle-
ver successivement tous les
objets de ses affections; l'at-
trait d'un intérêt nouveau, le
changement des cœurs, l'in-
constance, l'ingratitude, la
mort, dépeuplent peu à peu
ce monde enchanté dont la
jeunesse faisait son idole.
Chaque jour rétrécit le cer-

cle, et l'on ne jouit plus de ce qui reste qu'avec amertume; on a perdu la sécurité. L'âme alors a besoin de chercher un appui plus solide, elle le trouve dans la PIÉTÉ. L'amour et le culte de Dieu peuvent seuls occuper, consoler, ranimer des cœurs que les passions ont dévastés, et que la douleur a flétris. Dans la PIÉTÉ on trouve ce qu'on a vainement cherché sur la terre, un amour immense, une admiration sans borne et sans réveil. La PIÉTÉ est faite pour l'homme ; car elle suffit à la fois à son cœur et à son esprit.

Aimer Dieu, c'est aimer tout ce qui est bon, grand, éternel, sublime ; c'est adorer à leur source les perfections que nous croyions trouver dans les créatures et que nous y avons vainement cherchées : ce peu de bien qui se rencontre quelquefois dans l'homme, c'est en Dieu que nous eussions dû l'aimer. C'est Dieu que l'âme pieuse adore dans tout le bien répandu dans la nature. Il est le bien par excellence, et tout, hors le mal, vient de lui.

Quel vaste champ pour l'imagination chrétienne que la pensée de Dieu; là, elle peut s'étendre sans risque de s'égarer. Le cœur de l'homme aura beau aimer, il n'égalera jamais son amour aux perfections de celui qui l'a créé et qui le conserve. La piété suffit à l'esprit. Quel esprit si vaste, si fécond, si lumineux peut suffire à étudier les merveilles de la création? Qui sondera les profondeurs du cœur humain? Qui sondera la sublimité de la morale évangélique? Quelle est l'étude qui ne se rapporte à Dieu, qui ne fournisse de nouveaux mo-

tifs d'admiration et d'amour ?
L'esprit de docilité chrétienne peut se porter dans l'étude ; la simplicité et la bonne
foi sont les meilleurs guides
vers les sciences, ennemies
de l'aveugle orgueil.

Quelle religion a mieux
connu le cœur de l'homme
que la nôtre ? On ne peut être
moraliste sans être chrétien,
et ceux qui l'ont essayé ont
produit des doctrines mon-
strueuses. Il faut placer Dieu

dans le cœur de l'homme pour en connaître toutes les misères ; il est le flambeau qui éclaire cet abîme ; sans lui, tout y est mystère et obscurité. Je dirai plus, il faut placer Dieu dans le cœur de l'homme pour en connaître toute la grandeur. Lui seul donne la pureté aux motifs et la réalité aux vertus.

La connaissance des devoirs enfin, la grande science de l'homme, celle de sa paix et de son bonheur , ne s'apprend que par la piété. C'est la loi de Dieu si étonnamment ratifiée par notre conscience qui doit être notre première étude. Là , notre esprit et notre cœur sont occupés en même temps , et l'admiration et la reconnaissance y sont excitées tour à tour.

Faites-moi la grâce , ô mon Dieu , de chercher dans la piété ma consolation, de mettre ma seule espérance en vous, de me réfugier dans votre sein ! Que les dernières années de ma vie soient pour vous, et que mon âme se perde en vous dans l'éternité !

LA CRAINTE DE DIEU.

La crainte de Dieu est
le commencement de la
sagesse.

Bien des gens confondent
la CRAINTE DE DIEU avec le
mouvement qu'on pourrait
4

plutôt appeler la peur de Dieu. Ce n'est pas là le sentiment utile qui nous est recommandé par la religion.

La CRAINTE DE DIEU nous fait redouter par-dessus tout d'offenser Dieu et de lui déplaire. Elle s'inquiète de ne pas mériter les récompenses, tandis que la peur ne s'effraie que de mériter les châtimens. La crainte n'empêche pas d'aimer, mais on ne peut aimer ce qui cause l'épouvante. La

peur est un sentiment d'es-
clave ; la crainte est un sentiment de fils. La crainte doit
se fonder dans nos cœurs sur
la vue des perfections de Dieu
et sur la connaissance de sa
justice. Il faut que cette justice soit satisfaite , car Dieu
est la justice même , et la raison nous dit, comme la foi ,
que le mal doit être expié.
Quel motif de crainte que le
mal que nous avons fait !

Jésus-Christ a été la victi-

me offerte pour racheter toutes nos fautes; mystère sublime! Imitons-le; acceptons les
croix amères que la Providence nous envoie, comme
le moyen d'expier des offen-
ses si souvent répétées. Nous
craindrons tant que nous
n'aurons pas satisfait à la justice; et qui peut se flatter d'y
avoir jamais satisfait?

Mais cette crainte salutaire
enchaînera nos passions, ra-
nimera nos forces; elle éveil-

lera notre vigilance et nous préservera de la paresse et de la langueur, écueils ordinaires de la piété qui n'est pas accompagnée de la crainte.

Accordez-moi ce don, ô mon Dieu! et montrez-moi à moi-même telle que je parais à vos yeux, pour que je sois bien pénétrée de mon indignité et de la nécessité de vous mieux servir que je ne l'ai fait jusqu'ici pour trouver enfin grâce devant vous.

LA FORCE.

La FORCE est le don sans
lequel tous les autres sont
inutiles. Sans la force les

bonnes pensées sont stériles, la dévotion est sans fruit, la ferveur sans persévérance.

On peut avoir la pureté de l'âme, le goût du bien, l'amour de ses devoirs ; sans la FORCE, on n'a rien ; tout devient un écueil pour la faiblesse ; on rougit de ses fautes, on les déplore, on s'en repent, et c'est pour en commettre de nouveau.

C'est un des grands dangers des conversions tardives

que le manque de force. L'âge, de longs chagrins, l'habitude d'une vie sans règle, émoussent les forces. On ne leur a rien demandé, et elles vous abandonnent quand vous voulez en faire usage.

Ayons sans cesse présentes l'idée de Dieu et la nécessité d'obéir à ses commandemens; il viendra à notre secours. Il nous soutiendra, car notre force vient de lui, comme tout ce que nous avons de bien ou de bon en nous-mêmes. Le seul moyen d'entretenir la force est la vigilance. Si vous n'oubliez jamais Dieu, les tentations ne seront pas plus fortes que vous; si vous vous éloignez de lui, elles vous surprendront comme Samson endormi dans les bras de Dalila.

Pourquoi est-il si commun de manquer de force dans les voies de la piété? c'est qu'on manque de foi. Si notre foi était vive et inébranlable, notre force, qui repose sur elle, le serait aussi. Toutes les vertus chrétiennes semblent participer l'une de l'autre, et par une loi sublime se tenir comme les anneaux d'une même chaîne. Saisissons un de ces anneaux. Une vertu nous mènera à une autre vertu, et, en nous élevant vers celui dont elles émanent toutes, nous puiserons la vé-

ritable force , celle de persé-
vérer dans le bien au sein de
Dieu même. C'est de lui que
nous tiendrons le moyen d'ar-
river à lui , et de nous réunir
à lui dans l'éternité.

LA SCIENCE.

Toute science vient de
Dieu.

On blâme la science, et
quelques personnes la croient
incompatible avec la piété.
Elles se trompent. Mais Dieu

5*

doit être le fondement de la science, et c'est de lui qu'elle tiendra son utilité et sa profondeur.

L'histoire renferme les leçons terribles de la Providence; la morale, les misères éternelles du cœur humain, la physique, la chimie, apprennent à remonter à cette cause mystérieuse et impénétrable qui n'est autre que Dieu même, et dont les plus grands impies ont été forcés de confesser l'existence. Les mathématiques calculent tout, mais s'arrêtent devant l'infini. L'anatomie enseigne l'organisation physique de l'homme, mais tous les efforts de la physiologie n'ont pu réussir à surprendre le secret de la vie, connu de Dieu seul. L'astronomie dans l'immensité de ses merveilles confond l'imagination, et l'homme est forcé de reconnaître Dieu dans tous ses ouvrages.

Quelle différence entre le savant athée et le savant pieux ! Il ne faudrait que les nommer pour montrer que Dieu est le flambeau de la science comme de tout le reste ; il inspire l'éloquence, enflamme le génie, tandis que l'impiété l'étouffe et l'éteint. La foi produit Bossuet, Pascal et Newton. Quels noms l'irréligion peut-elle opposer à ceux-là ?

C'est donc à tort qu'on

croit la religion ennemie de la science. La simplicité de cœur, qui plaît à Dieu, est le partage le plus ordinaire du savant chrétien. Rien ne mène plus sûrement à l'humilité que la véritable science. Les sciences se perdent dans l'in-fini, parce que leur terme est Dieu. Plus on marche dans la voie droite des sciences, plus on s'aperçoit que ce qu'on sait n'est rien en pro-portion de ce qu'on ignore;

le champ s'agrandit à mesure qu'on s'avance , on est forcé de reconnaître son néant devant la grandeur des ouvrages de Dieu et les merveilles de la création, dont l'homme est la plus belle et la plus inexplicable.

Je ne sais rien, ô mon Dieu, sinon que vous m'avez créé et que ma pensée s'élève jusqu'à vous ; c'est assez pour croire que mon âme est immortelle. Sauvez-la par les mérites de JÉSUS-CHRIST ; que son sacrifice expie mes fautes, et que, dépouillée un jour de mon corps, je me réunisse à vous dans le ciel !

L'INDULGENCE.

6

Pardonnez-leur, mon Dieu,
car ils ne savent ce qu'ils
font.

Cette parole donne à la
fois le précepte et la raison
de l'INDULGENCE. Il y a plu-

sieurs manières de pardon-
ner ; toutes sont bonnes ,
parce que toutes sont chrétiennes, mais ces pardons dif-
fèrent entre eux , comme les
vertus qui les ont produits.
On pardonne, pour être par-
donné ; on pardonne, parce
qu'on se reconnaît digne de
souffrir ; c'est le pardon de
l'humilité ; on pardonne pour
obéir au précepte de rendre
le bien pour le mal ; mais au-
cun de ces pardons ne com-

prend l'excuse des peines qu'on nous a faites. Le pardon de Jésus-Christ est le vrai pardon chrétien : « ils ne savent ce qu'ils font ! » Il y a dans ces touchantes paroles l'excuse de l'offenseur et la consolation de l'offensé, la seule consolation possible de ces douleurs morales où le mal qu'on nous a fait n'est, pour ainsi dire, que secondaire. Ce qui met le comble au chagrin, c'est de trouver des torts sans excuse à ceux qu'on aime. Là, il y a une excuse : ils ne savent ce qu'ils font ! Ils nous ont déchiré le cœur, mais ils ne savaient ce qu'ils faisaient ; ils étaient aveuglés, leurs yeux étaient fermés, vos propres souffrances sont le gage de leur ignorance. La pitié est dans le cœur de l'homme ; de grands torts viennent toujours d'un grand aveuglement. Comment croire qu'on puisse causer de sang-froid et volontairement ces cha-grins déchirans qui font souf-frir mille morts avant de mourir ? Comment croire qu'on voudrait briser un cœur qui, peut-être, pen-dant des années entières, vous a chéri, adoré, excusé, qui avait fait de vous son idole ? Car telle est l'ingrati-tude, source des plus grands chagrins de la vie ; elle con-siste à méconnaître le senti-

ment dont on est l'objet,
parce que le cœur est incapa-
ble de les payer de retour et
d'en produire de semblables :
il y a là cette impuissance,
cette ignorance qui font l'excuse. Donner l'affection à
ceux qui ne la sentent pas,
c'est vouloir donner la vue
aux aveugles, l'ouïe aux
sourds. Pardonnez-leur, mon
Dieu, ILS NE SAVENT CE QU'ILS
FONT! pardonnez-leur et faites-moi la grâce de leur par-

donner sans retour sur moi-même, sans que ce pardon me soit compté pour une vertu, puisqu'il n'est qu'une justice ; mais ayez pitié de moi, en-seignez-moi à n'aimer que vous et donnez-moi le repos. Ainsi soit-il.

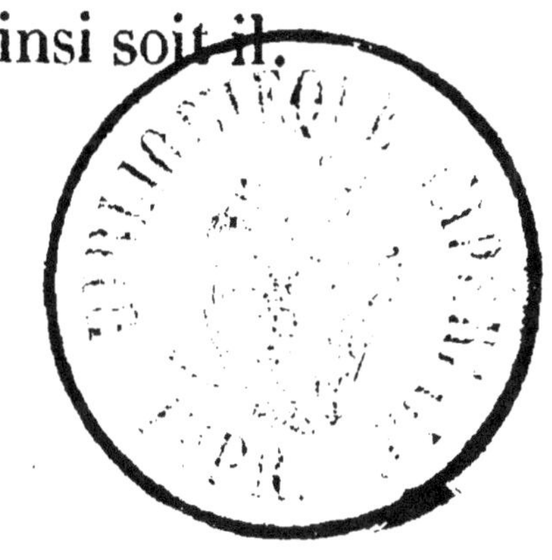